MARK KRÜGER
Sie müssen posten, Herr Krüger

www.tredition.de

MARK KRÜGER

„SIE MÜSSEN POSTEN,
HERR KRÜGER!"

Der (wahn)witzige Alltag eines Selfpublishers

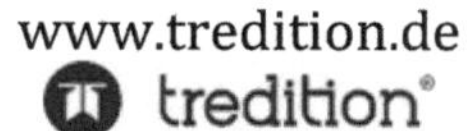

www.tredition.de
tredition®

Für meine Mutter Diana

Zu Beginn mal vorne weg...

mein Name ist Mark Krüger. Ich bin Autor.
Eigentlich bin ich Autor und Schriftsteller, beziehungsweise beides zusammen. Oder besser gesagt: Ich bin Selfpublisher.
Ja genau, ich bin seit kurzem Selfpublisher. Schwieriges Wort, aber es klingt interessant, nicht wahr? Was zur Hölle ist ein Selfpublisher? Wenn ich bei einschlägigen Plattformen den Begriff eingebe, um eine genaue Definition zu erhalten, erscheint lediglich das Wort „Selbstverlag". Doch das trifft es nicht ganz. Ich ging der Sache auf den Grund und habe meine Antwort gefunden. Selfpublisher sind Autoren und Schriftsteller, die auf eigene Kosten und unter eigener Regie ihre selbstgeschriebenen Werke veröffentlichen, da diese durch „große Verlage" für „nicht ausreichend" bewertet wurden.
Wie oft haben die meisten von uns schon Manuskripte, Exposees oder ganze Bücher zu Großverlagen geschickt und jedes Mal kam eine Absage? Gewiss können es einige gar nicht mehr zählen. Das nagt.
Sowohl an den eigenen Kräften als auch am Selbstbewusstsein. Man zweifelt. Man wird wütend,

denn niemand versteht warum ausgerechnet dieses eine Buch von uns als nicht „ausreichend" bewertet wurde. Dieses eine Buch, an dem wir so lange geschrieben haben. Wir haben recherchiert, uns die Nächte um die Ohren geschlagen, Seiten gelöscht, den Kaffee auf der Tastatur verschüttet, eine neue Tastatur gekauft, Menschen interviewt und interessante Dinge aus ihrem Leben erfahren. Wir konnten die Nacht vom Tag nicht mehr unterscheiden. Nur um am Ende mit einem „nicht ausreichend" abgespeist zu werden? Ist das fair? Haben diese Idioten unsere Bücher überhaupt gelesen? Haben sie es verstanden? Nein, das haben sie wahrscheinlich nicht. Das nagt.

Ich selbst hatte meinen ersten Roman „Nila – Sie durften sich nicht lieben" an mehrere große Häuser verschickt und bekam oftmals nicht einmal eine Antwort. Hatte sich dann doch einmal ein Verlagsbrief in mein Postfach verirrt, so war der erste Satz des Briefes immer derselbe:

»Sehr geehrter Herr Krüger, wir bedauern Ihnen mitteilen zu müssen...« bla, bla, bla.

Ich hatte dann allerdings das Glück, bei einem kleineren Verlag unterzukommen und freute mich natürlich umso mehr, kurz vor der Vertragsunterzeichnung, die „Verlagsvorsitzende" zum Essen auszuführen. Ich hatte alles präzise durchdacht.

Ich wusste ganz genau, dass sie, würde ich charmant und nett, mein dunkles Haar Rosenwasser benetzt nach hinten gelegt, auftreten, alles, wirklich ALLES für mein Buch geben würde. Sie würde sich mit mir, dem aufstrebenden Autor Mark Krüger, in die Buchfluten stürzen. Gemeinsam würden wir die Literaturwelt revolutionieren. Komme was da wolle. Ich steckte also mein teuerstes Parfum in meinen Kulturbeutel, schmiss mich in meinen besten Anzug, sackte die gutgemeinten Ratschläge meiner geliebten Großmutter ein und setzte mich in mein Kleinmobil. Im Auto musste ich den Hosenknopf öffnen, der Anzug war doch schon etwas älter. Ich war hochmotiviert. Ja nahezu erregt vor Motivation. Meine letzten paar Kröten für diesen „lebenswichtigen" Termin hatte ich mir zu Hause schon zusammengespart. Ich durfte mein finanzielles Budget also auf keinen Fall überschreiten. Mit anderen Worten: so ein kleiner Salat war für die Frau Verlagsvorsitzende absolut im Bereich des Möglichen. Ich hatte für sie acht Euro kalkuliert, denn für mehr reichte es leider nicht.
Als ich dann in Österreich in ihrem Verlagshaus stand wurde ich von Büchern erschlagen.
»Wow, so viele Bücher gehen in die Buchläden?«, fragte ich erstaunt und bekam meinen Mund gar nicht mehr zu.

»Nein, diese Bücher wurden alle nicht verkauft. Die kamen gerade erst zurück.«,
kicherte sie etwas peinlich berührt. Mein Mund schloss sich wieder und meine Augenbraue rutschte unter meinen Haaransatz.
»Naja, kann ja nicht jeder Verlag gut laufen, oder?«, schoss es unüberlegt aus mir heraus.
Plötzlich war das emsige Treiben um uns verstummt. Jeder starrte mich an. In der Mitte des Raumes stand ein Mitarbeiter, der im Laufen innehielt und auf einem Bein stehen blieb. Die schwere Kiste in seinen Händen schien ihn dabei nicht zu stören. Viel interessanter war für ihn die Reaktion seiner Chefin.
Ehe ich begriff, welcher äußerst unglücklich gewählte Satz gerade meine Lippen verlassen hatte, wurde ich bereits durch Blitze aus den Augen der netten Frau Verlagsvorsitzenden in die ewige Verdammnis befördert. Sie rang nach Worten. Freundlich wie sie war, musste sie den Schein wahren, immerhin hielt jetzt auch der zweite Verlagsmitarbeiter in seiner Arbeit inne. Ich konnte bei ihm einen ein leichtes Grinsen entdecken. Es herrschte kurze Stille. Nur die Seiten der zahlreichen Werke hinter mir, flatterten leicht im Wind, der durch das geöffnete Fenster zu uns herein drang... ach, das

wird ja ein Sachbuch, lassen wir das „blumige“ Geschwafel. Die Gesichtszüge der Frau Verlagsvorsitzenden entspannten sich langsam wieder und ihre Nasenflügel beruhigten sich ebenfalls allmählich.
»Na gut Herr Krüger, jetzt haben Sie ja alles gesehen. Wollten Sie jetzt noch etwas essen gehen oder eher nicht?«
Die Betonung lag auf „nicht“.
Ihre Augen schienen immer noch vergiftete Pfeile auf mich abzuschießen, als sie das fragte. Genau in diesem Moment wäre eigentlich der richtige Zeitpunkt gewesen, um schlagartig die Flucht zu ergreifen, aber nein, es kam etwas anders.
»Ja natürlich möchte ich noch essen gehen. Dann können wir alle Vertragspunkte noch einmal durchsprechen.«
Oh nein, ich hatte es wirklich gesagt. Ich schluckte.
»Dann gehen wir etwas essen.«
Sie stolzierte dann wortlos und mit einem eingefrorenen Lächeln an mir vorbei. Ihre Mitarbeiter packten derweil wieder Rückläufer aus.
Die dann folgenden Minuten werde ich wohl so schnell nicht vergessen. Es war ein Spätherbsttag und verdammt frisch draußen. Also setzten wir uns gemütlich in eine Kuschelecke dieses kleinen, niedlichen italienischen Restaurants und schwiegen uns freundlich an.

Wir hatten uns nicht viel zu sagen.

Langsam wanderten meine müden Augen durch das Restaurant.

»Ganz schön nobel hier.«,

dachte ich bei mir und wie ich so weiter durch den Raum blickte, vorbei an den stets nickenden Kellnern, erschien mir dieses Etablissement immer nobler. Ich spürte regelrecht, wie sich dieses Mal MEINE Gesichtszüge verabschiedeten und rutschte nervös auf dem Samtkissen meines Stuhls hin und her.

Verdammt, ich hatte ein Salatproblem.

Ich rechnete im Kopf noch einmal schnell meine Finanzen durch. Es half nichts. Die nette Frau Verlagsvorsitzende dürfte sich nur einen Salat bestellen. Einen kleinen Salat, denn ansonsten würde es ja nicht mehr für das Glas Wasser reichen, welche ich zuvor noch einkalkuliert hatte.

»Geht's Ihnen nicht gut Herr Krüger? Sie sehen so blass aus.«

Ich hatte einen Kloß im Hals und konnte nicht antworten. Ich hatte ein Salatproblem. Schnell spielte ich sämtliche Szenarien im Kopf durch. Sollte ich so tun, als müsste ich zur Toilette und einfach wegrennen? Hilfe nein, das kam nicht in Frage.

Oder sollte ich ihr sagen, dass ich überhaupt keine Kohle mehr habe und sie sich bitte nur einen Salat

bestellen soll? Oh nein, das wäre peinlich gewesen.
Was blieb mir also für eine Wahl? Ich überlegte,
immer in der Hoffnung der Kellner würde uns
noch sehr lange fernbleiben. Er blieb es nicht und
ich entschied mich für die stumme Variante. Ich
schwieg erst einmal.
»Haben sich die Herrschaften schon etwas ausge-
sucht?«
»Die Herrschaften.«
Es WAR ohne Zweifel ein Nobelrestaurant.
Und ich am Arsch.
Ich begann eine leichte Transpiration an mir zu
spüren. Als ich dann auch noch auf der Getränke-
karte vor mir den Preis für ein normales Glas Spru-
del sah, und die nette Frau Verlagsvorsitzende bereits ihren „Bestellblick" auf den grinsenden Kellner richtete, hätte ich mir einen grausameren Un-
tergang nicht mehr vorstellen können. Meine Augen wurden immer größer. In meinen Gedanken
flehte ich sie an:
»Bitte nur den kleinen Salat!«
Ich versuchte sie schnell noch mit meinem
„Tu-das-nicht-Blick" zu hypnotisieren, aber es half
nichts. Ich ahnte schon was nun kommen sollte.
Und das gefiel mir überhaupt nicht.
Die nette Frau Verlagsvorsitzende sah extrem
hungrig aus. Das Unheil nahm seinen Lauf.

»Ich nehme dann bitte das Rumpsteak mit Kräuterbutter und den kleinen Salat. Dazu können Sie mir eine Flasche Wasser bringen. Medium bitte!«
»Sehr gern, und der Herr, haben Sie schon gewählt?«
Ja, der nette Kellner konnte ja nichts dafür.
Wie war das nochmal mit dem Teller waschen?
Ich sah mir die Frau Verlagsvorsitzende noch einmal genau an. Es war unglaublich. Sie sah sportlich aus. Eine hübsche Frau. Eigentlich schon sehr schlank, extrem schlank, ohne ihr zu nahe treten zu wollen. Schlagartig wurde mir bewusst, dass diese Frau Hunger haben MUSS, so wie sie aussah. Schade nur, dass ihre Erkenntnis ausgerechnet zu diesem Zeitpunkt ihr Hirn durchwanderte. Jeder Mensch wäre davon ausgegangen, dass die nette Frau Verlagsvorsitzende früh lediglich einen veganen Biojoghurt oder eine kleine Schüssel abgezählter Haferflocken zum Start in den Tag benötige, aber dass sie sich ausgerechnet dann, wenn es bei mir nur für einen kleinen Salat reicht, ein halbes Rind bestellt, irritierte mich dann doch etwas.
»Ahm, nein danke, für mich bitte nichts. Mandel OP, ich darf nicht.«,
piepste ich leise, kaum hörbar, dem Kellner zu. Meine Stimme war schon unterwegs in die Küche zum Teller waschen.

»Sie hatten eine Mandel OP Herr Krüger?«, fragte mich plötzlich die besorgte Verlagsvorsitzende.

»Ja, gestern. Ganz schlimm sag ich Ihnen.«

»Und dann sind Sie trotzdem hergekommen?«

Ihr Blick veränderte sich plötzlich in etwas Vertrautes. Sie erinnerte mich an meine Mutter. So besorgt, so lieb.

»Nein danke, dann bestellen wir überhaupt nichts. Wir gehen dann gleich wieder.«,

sagte sie zum verdutzten Kellner und sah mich wieder an.

»Herr Krüger, dann sollten Sie jetzt schnellstens nach Hause fahren und sich in ihr Bett legen. Kurieren Sie sich aus.«

Dieser Satz rettete meinen Tag.

Ich hatte das Salatproblem gelöst. Es fiel mir schwer, meine plötzlich aufkommende Euphorie hinter meinem leidenden Gesichtsausdruck zu verbergen. Ich musste ihr kein Schnitzel bezahlen, beziehungsweise Rumpsteak!

Erleichtert fuhr ich zurück nach Deutschland. Ich hörte nie wieder von ihr.

Der nächste Tiefschlag.

Mein Autoren- Schriftstellerherz begann langsam zu bluten.

Einige Zeit später brachte mich mein guter Freund Bernd L. das erste Mal darauf, meine Bücher doch einfach selbst zu verlegen. Ich war erstaunt. Selbst verlegen? Geht das denn?

Diese Idee erweckte mein Interesse.

Ich kämpfte mich über Wochen durch zahlreiche Seiten im Internet, erkundigte mich über das Prinzip dieser Art von Bücherveröffentlichung, beschäftigte mich mit Vor– und Nachteilen und führte Gespräche mit Freunden und Familie. Ich war noch sehr unentschlossen. Doch worauf wollte ich denn warten? Auf ein Wunder? Darauf, dass ein großer Verlag durch die Tür hereinspazierte und sagte: »Hey, auf dich und deine Bücher warten wir schon seit Jahren.«?

Nein Leute, das wird nicht passieren. Das sind Gedanken von denen man sich ganz schnell verabschieden muss. Natürlich wartet niemand auf uns. Und genau das ist schade. Denn in all der Zeit, in der ich mich mit dem Thema Selfpublishing beschäftigt habe, ist mir aufgefallen, dass es eine Menge verdammt guter, wenn nicht sogar sensationeller, Autoren auf diesem Markt gibt. Autoren beziehungsweise Schriftsteller, die einfach vergessen wurden, aber eine Berechtigung besitzen ihre Werke zu veröffentlichen. Denn sie müssen verdammt nochmal gelesen werden.

Die Zahl der „Selbstveröffentlicher" steigt täglich. In meinem jetzigen Verlag, sind das ungefähr fünf neue Bücher pro Tag. Und es wird mehr.

Da kommt natürlich die berechtigte Frage auf: Sind diese Bücher wirklich alle gut? Wird der Buchmarkt jetzt von völlig schwachsinnigen Blödsinn überschwemmt? Gehen da nicht unsere „Schätze", die guten Bücher, unter?

Ich denke die Gefahr ist natürlich groß und aus diesem Grund ist dieser „Selfpublisher Markt" auch nicht mit dem besten Ruf behaftet und die Großverlage haben berechtigte Zweifel an dieser Art von Selbstvermarktung. Besteht aber nicht genau in diesen beiden Punkten eine Chance? Könnten nicht Großverleger intensiver auf Selfpublisher achten, anstatt ihnen die Blogger wegzukaufen? Ja es würde gehen, aber man will uns nicht. Egal, denn mit uns IST zu rechnen. Aber wir werden es weiterhin schwer haben.

Trotz alledem gibt es auch bei uns Bestseller. Die Zahl wächst (Das muss bitte auch so bleiben, also schreibt, schreibt und schreibt!). Leider kennt kaum einer ihre Namen, weil niemand von ihnen auf irgendwelchen Spiegel- Bestsellerlisten auftaucht.

Ich entschied mich letztendlich trotzdem für diese Art der Veröffentlichung, und wisst Ihr was meine

Lieben, ich bereue diese Entscheidung in keiner Sekunde. Punkt. Mein Leben hat sich seit der Veröffentlichung meines ersten Romans um 180 Grad gedreht. In jeglicher Hinsicht. In diesem kleinen Buch möchte ich Euch davon erzählen. Ich möchte berichten, welche Wege ich ging, was für Erfahrungen ich gesammelt und Fehler ich begangen habe, auf welche Menschen ich gestoßen bin und vieles, vieles mehr.

Es ist mein Alltag als Selfpublisher und der ist mitunter wahnsinnig und anstrengend. Ein Buch selbst zu veröffentlichen ist mehr, als es nur zu schreiben. Es steckt so verdammt viel Arbeit dahinter, das kann man sich gar nicht vorstellen. Ihr wisst ja wovon ich rede.

Ich möchte Euch Tipps geben. Tipps, die Euch helfen sollen den Mut nicht zu verlieren weiterzuschreiben und Euch den Weg in ein selbstständiges Schreiben und Veröffentlichen erleichtern. Aber keine Angst, es wird kein RATGEBER wie Ihr ihn vermutlich schon hundertfach gelesen habt. Ich weiß es nicht besser, aber ich habe meinen Weg gefunden, um in der Zukunft mit meinen Büchern für mich erfolgreich zu sein. Ich berichte von meinen Zielen, werde Rückschläge erklären und versuchen Euch klar zu machen, dass jeder Erfolg immer harte Arbeit voraussetzt und dass man ein

großes Brot erst backen kann, wenn die kleinen Brötchen schmecken. Es sind Tipps ohne Garantie auf Erfolg aber mit der Garantie dafür, ein besserer Selfpublisher zu werden, wenn ihr es vorher nicht schon gewesen seid. Meine kleinen Kapitel in diesem Büchlein nenne ich deshalb schlicht und einfach nur: meine goldenen Regeln. Ihr müsst sie nicht befolgen. Eine Garantie kann ich Euch nicht geben. Am Ende entscheidet nur der Leser.
Mir hat es geholfen und ich gebe es gern an Euch weiter. Viel Spaß beim Lesen, verliert niemals Euren Ehrgeiz, Humor und Willen. Lasst Euch von niemanden reinreden, glaubt stets an Euch und vergesst den Rock 'n Roll des Lebens nicht dabei. Lasst es mich wissen wie Ihr das Buch findet... wir lesen uns!

Herzlichst Euer

Mark Krüger

GOLDENE REGEL 1
Lest was das Zeug hält

Wer schreiben möchte, der muss viel lesen. Das ist so. Was allerdings nicht bedeuten soll, dass ein gewisses Talent um ein guter Autor oder Schriftsteller zu sein, von erheblichen Vorteil ist.

Yes you can!

Egal wo Ihr seid und wann immer Ihr die Möglichkeit habt zu lesen, lest! Im Internet oder im Lieblings Café. Nutzt jede Minute um in einer Zeitung oder in einem Buch zu lesen. „Bildet Euch!"

Hört sich vielleicht hochtrabend an, ist aber keinesfalls so gemeint. Erweitert Euren Wortschatz, schaut Euch andere Autoren oder Schriftsteller an. Den größten Fehler den viele „Neuautoren" zu Beginn machen, ist der, der ständigen Wortwiederholung in einem Buch.

Wenn man immer wieder dieselben Beschreibungen, Formulierungen oder ganzen Sätze liest, vergeht dem Leser die Lust weiterzulesen.

Irgendwann langweilt es. Umso umfangreicher Euer Wortschatz ist, desto besser, fantasievoller und tiefgehender könnt Ihr Eurer Story den letzten Schliff geben. Mir ist das ganz besonders bei meinem ersten Roman aufgefallen, den ich bereits im

Jahr 2007 geschrieben habe. Als ich ihn beendet hatte und anschließend noch einmal las, war ich gelangweilt von mir selbst. Ich wusste auch sofort, wo das Problem lag. Ich musste mich weiterbilden. Auch eine Sprache verändert sich im Laufe der Jahre.

Ich erinnerte mich an eine Situation, in der ich vor gut zwanzig Jahren bei einer rumänischen Freundin zu Hause zu Gast war. Mir fiel in ihrem Schlafzimmer ein dickes Buch auf dem Nachtschrank auf. Wirklich ein riesen Schinken, fast größer, als der Nachttisch selbst (dass dieses Buch jetzt ausgerechnet im Schlafzimmer meiner rumänischen Bekanntschaft stand, als ich es erblickte, war purer Zufall, wir waren nur Freunde. Wenn das jetzt hier meine Frau liest gibt es wieder nur Wasser und Brot...egal, aus der Nummer komme ich jetzt eh nicht mehr raus).

Wo war ich stehengeblieben? Ach ja, dieses große, dicke Buch in diesem Schlafzimmer.

»Was ist das für ein Buch?«,

fragte ich sie damals und blätterte darin. Es war verdammt schwer.

»Ein Fremdwörterbuch.«,

war ihre Antwort und sie ging in die Küche um Kaffee zuzubereiten. Ein Fremdwörterbuch. So dick. So groß. Ich las auf der linken Seite einige Worte, die ich nicht einmal aussprechen, geschweige denn, in irgendeiner Weise erklären konnte. Ich habe sie nicht einmal gekannt. In den ersten siebzig Seiten hatte sie jedes einzelne Wort unterstrichen.

»Warum unterstreichst du die ganzen Wörter?«, brüllte ich durch die Wohnung, in der Hoffnung meine Worte würden die Küche erreichen, während mich ihre riesige Bulldogge schmatzend ansah und wohl überlegte ob sie mich nun fressen oder abschlecken sollte.

»Ach, ich lerne sie.«

Ich legte schluckend das große Fremdwörterbuch zur Seite und verließ mit der sabbernden Bulldogge, die entschieden hatte mich zu verschonen, den Raum. Obwohl dieser Moment jetzt vielleicht völlig unbedeutend erscheint, er war es ganz und gar nicht.

Noch niemals zuvor hatte ich so sehr an meinem Wissen gezweifelt, wie in diesem Moment. Ich kannte fast keines der unterstrichenen Worte und diese Frau sprach noch nicht einmal perfekt Deutsch. Dennoch war ihr Wortschatz größer als meiner. Das war prägend für mich. Das hatte mir damals zu denken gegeben.

Aber sie hatte verdammt Recht: Wer seinen Wortschatz erweitert, der wird auch mitreden können,
wo es etwas zu reden gibt.
Was ich Euch damit sagen will: es schadet auf keinen Fall, wenn die Auswahl an Worten für Eure zukünftigen Werke zunimmt, damit Ihr alle den Erfolg erzielt den Ihr euch selbst wünscht. Also: Lest
was das Zeug hält!

GOLDENE REGEL 2
Sprecht ein gutes Deutsch

Man muss kein Fachmann sein, nur um zu erahnen, dass eine gewisse „Sicherheit" in der deutschen Sprache und die damit verbundene Rechtschreibung und Grammatik eine gewisse, vorteilhafte Voraussetzung dafür ist, um Bücher zu schreiben. Das muss jedem klar sein.
Dennoch werdet ihr nicht um einen Lektoren herumkommen, das steht fest. Ein fehlerfreies Buch ist das Non plus Ultra. Jedes Buch mit Fehlern wird von den Lesern, den Bloggern und Kritikern bis auf die letzte Seite zerpflückt. Eure Chancen anschließend noch einmal mit einem anderen Buch zu punkten, sind danach sehr gering. Was ich hier unbedingt betonen muss: Autoren und Schriftsteller sind nicht immer studierte und ausgebildete Fachkräfte, die genau wissen wo etwas wie zu schreiben ist oder ähnliches, sondern in erster Linie in meinen Augen Künstler. Und Künstler sind Träumer, die nicht immer verstanden werden, es aber auch nicht immer wollen. Es sind ihre Gedanken, ihre Fantasien, die dazu führen, dass sie diese mit uns teilen wollen. Sie schreiben oftmals einfach ge-

dankenverloren drauf los, ohne Gerüst. Die Inspiration muss raus. Jede sofortige, aufwendige Korrektur würde nur den „Fluss des Schreibens" unterbrechen. Zu mindestens ist das bei mir so.

Oft ergeben die Sätze keinen Sinn, sondern sind lediglich Spiegel der eigenen Fantasie. Egal, wie oft wir unseren eigenen Text danach Korrektur lesen, die Fehler sehen wir kaum.

Wir sind betriebsblind. Unsere Fantasie möchten wir nicht erklären, denn nur wir können ihr folgen, aber damit beflügeln wir wiederum die Fantasie der Leser. Deswegen benötigen wir einen Lektoren und keinen Lehrer. Einige von uns denken vielleicht: wenn ich einem

Lehrer das Buch zum Lektorat gebe, dann bekomme ich ein einwandfrei korrigiertes Buch zurück und kann es dann ruhigen Gewissens veröffentlichen.

Ich habe diese Erfahrung gemacht und rate jetzt davon ab, ohne den Beruf des Lehrers in irgendeiner Form diskreditieren zu wollen.

Ja, ich war einer dieser Autoren, der seine mit Inbrunst geschriebenen Worte in die Hände eines Lehrers gab. Vielmehr der Sohn einer Lehrerin, der selbst Lehrer werden wollte, es eigentlich noch nicht ist, oder so ähnlich. Also kurz davor Lehrer zu sein. Ein Student im Lehramtsstudium. Das Kinn nach vorn gestreckt und stolzen Hauptes fortschreitend. Er war schon wer, ohne eigentlich etwas zu sein, oder so ähnlich. Er bekam von mir mein komplettes Buch ausgedruckt nach Hause geschickt. Drei Monate später bekam ich meinen Zettelberg zurück. Per Post. Der gesamte Text war angestrichen. Überall am Rand standen Korrekturvorschläge, Fehler und Bemerkungen. Ich legte mir den Stapel an A4 Blättern auf den Schreibtisch und übernahm in endlos werdenden Nachtschichten die Korrektur der Korrektur. Das Ganze dauerte ungefähr zwei Monate.

Zu Beginn sagte er zu mir:

»Alle in meinem Umfeld wissen, wie gut ich meine Arbeit mache.«

Als ich dann allerdings irgendwann mein erstes Buch mit seinem Lektorat in der Hand hielt, musste ich schmerzlich feststellen, dass der angehende Lehrer wohl in einigen seiner „vierzig" Semester gepennt haben muss. Also wurde das vom angehenden, verpennten Lehrer korrigierte Buch nochmals korrigiert. Fazit: Sechs, setzen! Wahrscheinlich war das aber nur eine Ausnahme. Jeder muss seine Möglichkeiten im eigenen Rahmen ertasten und nutzen.

Um einen Lektoren kommt Ihr also nicht herum, was Euch allerdings nicht abschrecken sollte. Versucht selbst erst einmal herauszufinden, wie gut Ihr in der deutschen Sprache seid. Schreibt Ihr einigermaßen fehlerfrei oder nicht? Könnt Ihr euch gut ausdrücken?

Aber keine Angst davor: Wir Autoren sind nun mal keine Studenten auf Lehramt, wir sind in erster Linie Künstler. Lasst Euch nicht entmutigen. Auch wenn Euch zu Beginn die Vorstellung, einen Lektoren zu bezahlen, zu erschlagen droht. Es gibt einen besseren Weg, das erläutere ich hier allerdings später. Dennoch ist es wichtig, sich gut und sicher zu artikulieren. Das geht immer am angenehmsten, wenn man viel liest und sich weiterbildet. Sprecht ein gutes Deutsch!

GOLDENE REGEL 3
Seid Euch sicher, was Ihr wollt

Eines ist ganz klar: Ihr müsst Euch Ziele stecken. Was wollt Ihr mit euren Büchern erreichen? Wo wollt Ihr hin? Wollt Ihr reich werden?

Seid Euch bewusst, dass niemand auf Euch und Eure Bücher wartet. Dafür gibt es zu viele gute Schriftsteller und Autoren. Eine Menge Talente sind also unterwegs. Was aber auch bedeutet, dass Ihr eines dieser Talente sein könntet.

Dennoch ist der Markt groß und ein gewaltiges Haifischbecken. Wer sich nicht behaupten kann, wird von den Stärkeren gefressen. Steckt Euch realistische Ziele. Versucht herauszufinden, was an Eurem Werk besser ist, als bei der Konkurrenz. Gibt es überhaupt Konkurrenz? Gibt es eventuell ähnliche Bücher? Worin hebt sich Euer Buch ab? Welches Genre bedient Ihr? Wie viele gute Bücher gibt es in Eurem Genre?

Ich habe es mir zu Beginn auch einfacher vorgestellt, bin aber Tag für Tag reicher an neuen Erkenntnissen geworden. Ich stecke mir heute bescheidenere Ziele und versuche Schritt für Schritt als Autor/ Schriftsteller mehr Leser für meine Bücher zu gewinnen. Das kann ich aber nur, weil ich mich nicht gezwungen fühle, schnell extrem erfolgreich sein zu müssen. Jeder Leser, der Euer Werk empfiehlt, macht Euch als Autor und Schriftsteller besser und Eure Leserschaft wächst. Ich wusste lange nicht, was ich als Autor und Schriftsteller erreichen will, außer ganz schnell so viele Bücher wie möglich zu verkaufen. Heute weiß ich selbstverständlich, dass genau dieser Gedanke der falsche ist.

Selfpublisher- Bücher stehen leider nicht in jedem Verkaufsregal deutscher Buchläden (was ich persönlich sehr schade finde), sondern müssen hart erkämpft, regelrecht zum Leser getragen werden. Deshalb ist es sehr wichtig, dass Ihr Euch erstmal von dem Gedanken verabschiedet, ganz schnell das große Geld zu machen. Ja, einige weinen jetzt sicher, aber ganz so hart ist es nicht. Steckt Euch realistische Ziele und arbeitet daran, diese nach und nach zu erreichen. Seid Euch also sicher, was Ihr wollt!

GOLDENE REGEL 4
Respektiert und versteht die neue Welt

Damit meine ich die Welt der Bücher. Sie ist etwas Geheimnisvolles, etwas anderes, Mystisches. Für viele (so war es bei mir) etwas Neues.

Die Welt der Bücher ist die geballte Fantasie von Menschen, die gern lesen, schreiben oder über das lesen schreiben. Respektiert sie.

Jeder Mensch besitzt eine faszinierende, schöne und eigene Fantasie. Wir müssen sie nicht verstehen, aber wir können uns von ihr leiten und inspirieren lassen. Es gibt nichts Schöneres. Schaut Euch, bevor ihr Euer Buchprojekt startet, einmal in den sozialen Netzwerken wie Twitter, Instagram und Facebook um. Dort gibt es tausende Buchliebhaber die sich gegenseitig austauschen. Autoren, Kritiker, Leser und Blogger.

Lest Euch Beiträge durch, holt Euch wertvolle Tipps und freundet Euch untereinander an. Das ist sehr hilfreich und musste ich auch erst einmal lernen und verstehen. Ihr solltet Euch einen Facebook, Twitter und Instagram Account anlegen, der Euch als Autor präsentiert und diese mit professionellen Fotos unterlegen (etwas seriös sollte das Ganze auch rüberkommen, also bitte postet keine

Fotos eures letzten Absturzes oder so.). Das allein ist schon eine gute Grundlage. Der Wiedererkennungswert Eurer Seiten ist dabei von entscheidendem Vorteil.

Lasst Euch etwas Außergewöhnliches einfallen, vielleicht etwas, was zuvor noch nie so dagewesen ist. Die Bücherwelt ist eigen, angeblich voll von sogenannten „Nerds", umgangssprachlich gleichzusetzen mit dem Wort „Schwachkopf". Dieser Begriff kommt aus den USA und bezeichnet Menschen, die als Stereotypen auf ein bestimmtes Thema fixiert sind (Quelle: Wikipedia).

Früher war dieses Wort negativ gemeint, heute steht es eher für Selbstironie.

Ich finde, wir sind alle in irgendeiner Form „Nerds", sonst gäbe es keine Hobbys. Auch wenn, laut Statistik, die Leser von Büchern etwas weniger werden, weil einfach weniger gelesen wird und der Handel dennoch jährlich von Büchern überschwemmt wird, halte ich von solchen Bewertungen gar nichts.

Was sind schon Statistiken? Nichts weiter als Zahlen. Zahlen, die wir ändern können. Also, bevor Ihr anfangt zu schreiben, schaut Euch in dieser Welt etwas um. Registriert Euch auf Buchseiten bei Facebook, diskutiert mit anderen Autoren, lest ihre Werke und vor allem: respektiert ihre Kunst. Sie alle haben kleine Schätze geschaffen, die eine Geschichte erzählen.

Auch wenn sie vielleicht einige Fehler haben, denkt daran, dass sie fast alles allein machen. Kein Großkonzern steht dahinter, der ihre Finanzierung stemmt. Kein extrem teurer Lektor hat es kontrolliert und diesen Büchern den Feinschliff gegeben. Die Schriftsteller und Autoren bei den Major Verlagen haben oftmals nicht mehr Talent, als Ihr selbst. Und viele von ihnen bleiben dennoch öfter auf ihren Exemplaren sitzen, als wir Selfpublisher (wir haben ja zum Großteil gar keine Exemplare, auf denen wir sitzen bleiben können. Stichwort: Print on Demand.) Wir sind auf einem guten Weg.: Respektiert und versteht die neue Welt!

GOLDENE REGEL 5
Findet den optimalen Platz zum Schreiben

Wo schreibt Ihr am liebsten? Ich habe festgestellt, dass ich zum Schreiben absolute Ruhe benötige. Wenn ich diese Ruhe nicht habe, dann kann ich keinen anständigen Satz zu Papier bringen. Ich muss in meine Geschichte eintauchen können. Wenn es doch mal vorkam, dass meine Frau zu Hause war, während ich an einem Buch schrieb, dann gab es immer diese »Verdammt, warum verstehst du nicht, dass ich Ruhe zum Schreiben brauche!« - Gespräche.

Nein, ich schreibe ab jetzt nicht mehr zu Hause.

»Schatz, hörst du mich nicht?«

»Was denn?«

»Ich rufe dich schon die ganze Zeit! Mindestens eine Stunde.«

»Und, was wolltest du?«

»Interessiert es dich denn nicht, dass ich schon eine Stunde gerufen habe?«

»Du hast genau zweimal gerufen.

Das dauerte vielleicht vier Sekunden.«

Wenn sich das Gesicht meiner Frau zur Faust ballt, ist Vorsicht geboten.

»Dein Sohn hat sich eine Peperoni in die Nase geschoben.«,
stand sie dann plötzlich neben mir.
»Herr Gott, hast du mich erschreckt.«
Meistens hat sie dann die Arme in die Hüften ge-
stemmt und wackelt verdächtig mit dem Unterkie-
fer. In diesem Moment schließe ich dann immer
schon vorsichtshalber den Laptop, Kaffee hat
schon einige dieser Dinger hinweggerafft.
»Na dann zieh doch die Peperoni einfach wieder
raus!«
»Schon mal daran gedacht, dass sowas in der Nase
eines Vierjährigen ziemlich brennen könnte?«
»Ich habe sie ihm doch aber gar nicht reinge-
steckt!«
»Schatz: Dein Sohn ist seit heute Morgen in der
Kita! Du bekommst überhaupt nicht mit, dass wir
auch noch da sind.«
»Ich schreibe doch aber gerade mein Buch und
muss mich konzentrieren.«
In diesem Moment drehe ich mich dann wieder
zum Laptop und schreibe weiter. Besser so.
»Ja eben. Du schreibst nur.«
»Ich finde das Schreiben extrem wichtig, bevor
man ein Buch veröffentlicht.«

Ich versuche ihr dann witzelnd den Ball zuzuspielen. Oft funktioniert es nicht, und mir platzt der Koffer:

»Wenn du neben deinem Chef am Zahnarztstuhl stehst und ihr einem Patienten gerade den Nerv zieht, dieser sich unter Schmerzen an dir festklammert, seine Augen sich mit Tränen füllen... meinst du, es kommt gut, wenn ich dann einfach mal so zur Tür reinschaue und sage:

»Schatz, würdest du bitte nach Hause kommen? Dein Sohn hat sich eine Peperoni in die Nase geschoben.«? Du würdest sicherlich alles stehen und liegen lassen, oder?«

In diesem Moment verlässt meine Frau dann stampfenden Schrittes das Büro.

Der Ort zum Schreiben ist für mich extrem wichtig. Ich glaube, dass ich dieses alte Klischee von einem Schriftsteller komplett erfülle. Ich brauche eine kleine Blockhütte im Wald. Ringsherum befindet sich nichts, außer Bäume, Hirsche und vereinzelte Wildschweine. Ein kleiner, morscher Steg führt zu einem See, der jeden Morgen im Nebel seinen Tag beginnt (ach, wie schön!). Dort müsste ich mich für ungefähr zwei Monate verbarrikadieren, um in meine neue Geschichte abzutauchen. Das wäre für mich der ideale Ort zum Schreiben. Leider ist das nicht immer möglich, Ihr wisst sicherlich, was ich meine. Wer von uns besitzt schon eine einsame Blockhütte im Wald? Das einzige was mir einfallen würde, wäre die Gartenlaube von Onkel Semmel, aber dann müsste ich mir wahrscheinlich monatelang von seinen Nachbarn Helene Fischer in Dauerschleife anhören. Ein langsamer Schriftstellertod.

Meine Leser würden mich danach fragen, ob ich auf Speed war, als ich das neue Werk schrieb. Auf Speed nicht, aber in einem „atemlosen Zustand" einer sich anbahnenden Dauerohnmacht. Nichts gegen Helene Fischer. Wir müssen für uns den idealen Platz zum Schreiben finden.

Dazu müsst Ihr in Euch gehen und Euch überlegen, was Ihr zum Schreiben benötigt. Als ich meinen Roman „Nila - Sie durften sich nicht lieben" schrieb, mietete mich mein damaliger Verlag in ein kleines Zimmer in einem Studentenwohnheim ein und ich nutzte die Zeit der Semesterferien aus, um zu schreiben. Auch nicht der ideale Platz, aber ich hatte absolute Ruhe.

Kurze Zeit später, nachdem ich „Nila" beendet hatte, fiel mir eine Geschichte ein, die ich sofort runterschreiben musste. Ihr kennt das sicher alle. Man hat diesen Geistesblitz, diesen Einfall, und Ihr wisst ganz genau, dass Ihr es sofort notieren müsst, sonst verschwindet dieser Gedanke wieder so schnell wie er kommt.

Also, da war sie nun, diese Idee. Nur, wo sollte ich schreiben? Ich hatte keine Möglichkeit mich für einige Zeit von meinen häuslichen Pflichten zu verabschieden. Also blieb mir nichts Anderes übrig, als mich mitten im „Familienwahnsinn" auf meinen neuen Bürosessel zu setzen, um mit dem Schreiben zu beginnen. Mein „Familienwahnsinn" besteht aus einem (heute) fast achtjährigen Schelm, der mir stets liebevoll die Geschichten aus seinem Schuldasein in einem unglaublich hohen Ton präsentiert, zwei durchgeknallten Katzen, die irre Lotte und der schwule Bernd, sowie meiner zauberhaften Frau, die immer die Gabe hat, die Wäsche dann in die Maschine zu knallen, wenn ich im Büro nebenan meinen Autorengedanken hinterherlaufe.

Was am Ende dabei herauskam, war ein völlig durchgeknallter und verzwickter „Frauenthriller", mit einem unvorhersehbaren Ende. Sowas kommt von sowas.

Allerdings, und das war die Überraschung an der ganzen Sache, ist mir mit diesem Roman einer dieser bereits erwähnten „Schätze" gelungen.

„Die Klinik – wenn du die Wahrheit kennst bist du tot" erscheint aber erst 2017 und hat mich im Endeffekt nur einen Monat Zeit gekostet. Ihr seht, es hat sicherlich auch etwas mit dem Thema zu tun, wo ihr Eure Bücher schreibt. Findet es heraus und dann haut eure Gedanken, Emotionen und Erlebnisse in die Tastatur.
Findet den optimalen Platz zum Schreiben!

GOLDENE REGEL 6
Wenn Ihr schreibt,
vermeidet Wiederholungen

Dann kann es eigentlich auch schon losgehen. Schreibt was Euch gerade in den Sinn kommt. Am besten Ihr bastelt Euch ein Gerüst. Was, wann, wo und wie passieren wird, welche Figuren im jeweiligen Abschnitt dabei sind, welchen Verlauf die Handlung nehmen wird.

Ich machte immer wieder den Fehler mich zu wiederholen. Manche Themen oder Sätze hatte ich am Ende sinngemäß doppelt und dreifach. Macht Euch Notizen und Ihr werdet sehen, wieviel Spaß Ihr dabei empfindet. Ihr stellt immer mehr fest, warum Ihr das Schreiben so sehr liebt. Also: Wenn Ihr schreibt, vermeidet Wiederholungen!

GOLDENE REGEL 7
Korrigiert nur einmal, aber genau

Endlich ist es vollbracht. Ihr atmet tief durch und lehnt Euch genüsslich in Euren Sessel zurück. Na, wie war das Gefühl, als Ihr Euer letztes Wort geschrieben habt? Hättet Ihr schreien oder weinen können vor Freude?

HABT Ihr geschrien oder geweint? Ein großartiges Gefühl, oder? Es ist erst einmal völlig egal, ob Ihr etwas „Ausreichendes" geschrieben habt.

Der Triumph allein, dass Ihr Euer Buch überhaupt beendet habt, ist etwas ganz eigenes und Großartiges. Herzlichen Glückwunsch!

Und nun, wie geht es weiter? Wer korrigiert? Wer lektoriert? Ihr selbst? Klar, warum auch nicht? Schließlich seid Ihr die ersten, die Euren Text lesen. Legt Eure Zeilen erst einmal eine kleine Weile weg, beschäftigt euch mit anderen Dingen, gewinnt etwas Abstand.

Dann lest es irgendwann ganz genau, langsam, Seite für Seite, verbessert und schleift am Inhalt. Da viele Autoren und Schriftsteller (wie bereits erwähnt) betriebsblind sind, so wie ich, überlesen sie dabei aber immer dieselben Fehler. Wenn Ihr es fertig habt, dann belasst es dabei. Einmal lesen reicht. Ich habe das bei meinem ersten Buch komplett falsch gemacht, denn kurz nachdem ich das letzte Wort schrieb, begann ich selbst zu korrigieren.

Ich weiß nicht mehr, wie oft ich korrigiert, verändert oder gestrichen habe. Ich glaube, dass ich es mindestens zehnmal gelesen habe. Immer wieder von vorn. Ich weiß aber noch ganz genau, dass ich meinen Roman dann einem angehenden Deutschlehrer, dessen Mutter einmal meine Deutschlehrerin war, übergab und erst einmal die Schnauze gehörig voll hatte.

»Alle in meinem Umfeld wissen wie gut ich meine Arbeit mache!« war sein erster Spruch zu mir (erwähnte ich ja bereits). Deshalb: korrigiert selbst nur einmal, aber genau, und gebt Euren Schatz dann in verantwortungsbewusste Hände.

GOLDENE REGEL 8
Sucht Euch einen guten Selfpublisher- Verlag

Ihr könnt Eure Bücher auch ohne die Hilfe sogenannter Selfpublisher- Verlage veröffentlichen, gar keine Frage, doch Eure Möglichkeiten sind viel größer, wenn Euch Fachleute aus den verschiedensten Bereichen beraten.
Ein Verlag dieser Art hat diese Profis.
Ihr bestimmt selbst, was Euch diese Fachleute wert sind. Für einen minimalen Startpreis stellen sie Eure Werke in den weltweiten Onlinemarkt und unterstützen Euch mit professionellen Pressemitteilungen und guter, kostenloser Beratung.
Der entscheidende Vorteil bei dieser Art der Veröffentlichung ist, dass es keine Startauflage gibt.
Die Schriftsteller beziehungsweise Autoren, sowie diese Verlage, bleiben auf keinen Exemplaren mehr sitzen.
Gedruckt wird erst, wenn ein Kunde ein Buch bestellt. Einfacher geht es kaum.
Ich gebe zu, zu Beginn war ich etwas enttäuscht, da die Marge verhältnismäßig gering ausfällt und man auch die Angst hat, aufgrund der täglichen

Veröffentlichungen von Büchern, im weiten Büchermeer unterzugehen. Aber im Großen und Ganzen, bin ich sehr zufrieden mit der Wahl meines Verlages und kann ihn nur jedem weiterempfehlen. Sucht für Euer Projekt den Passenden heraus. Jeder von ihnen hat gewisse Vor- und Nachteile, die Ihr für Euch herausfiltern müsst. Allerdings warne ich eindringlich davor, die Finger von sogenannten Verlagen zu lassen, die in der Regel vorab riesige Summen an Geld von Euch kassieren wollen. Meistens sitzt Ihr danach auf einem Berg unverkaufter Bücher oder immenser Schulden. Falls Ihr an diesem Punkt seid, auch hier wieder: Herzlichen Glückwunsch!

In Deutschland gibt es zwei gute Verlage, die diese Veröffentlichung anbieten, googlet Euch einfach mal durch. Wenn Ihr Euch dann mit einem Verlag einig seid, setzt auf eure „Social Media Seiten" einen Veröffentlichungstermin fest und startet in Euer Schriftstellerleben. Bei mir war es am Anfang alles etwas durcheinander. Aber als ich dann meine Arbeitsschritte step by step plante, verstand ich langsam das Prinzip des „Selbstveröffentlichen". Sucht euch einen guten Selfpublisher Verlag!

GOLDENE REGEL 9
Erstellt Euch eigenes Werbematerial

Sicherlich hat nicht jeder das Talent, sich sein Cover, seine Flyer, Plakate oder sonstige Merchandising Produkte selbst zu gestalten, um bei der Vielzahl an Konkurrenz, nicht nur der von Großverlagen, mithalten zu können.

Vieles lässt sich heute schon mit den einfachsten Programmen selbst gestalten. Solltet Ihr Euch aber für das Veröffentlichungsprinzip mit dem Selfpublisherverlag entscheiden, dann könnt Ihr Euch auch von ihnen helfen lassen, was allerdings nicht umsonst ist. Vielleicht helfen Euch sogar Freunde oder Verwandte dabei.

Ich finde heute, dass Ihr Euch auch sehr viel Hilfe und Rat bei anderen Autoren holen könnt. Ich habe bisher die Erfahrung gemacht, dass sich alle gegenseitig unterstützen und das finde ich großartig. Erstellt Euch Werbeflyer, welche Euer Buch mit Fotos und einem kurzen Satz beschreiben und den zukünftigen Leser neugierig auf Euer Werk machen sollen. Am besten Ihr erstellt Euch gleich mehrere davon. Diese Flyer postet Ihr dann, während Ihr Euer Buch in den sozialen Netzwerken promotet. Es ist auch sehr hilfreich und macht immer einen professionellen Eindruck, wenn Ihr Euren aktuellen Flyer als Abschlussbild in Eure Emails einbindet (das Thema „Posten" wird noch intensiver von mir beleuchtet.).

Wer die Möglichkeit hat oder es sich selbst zutraut, der kann sich einen Buchtrailer erstellen oder erstellen lassen, der Euren „Schatz" dann in gut eineinhalb Minuten professionell präsentiert. Benutzt Eure Fantasie. Traut Euch etwas zu. Ich denke, dass es noch viele Möglichkeiten gibt, um mit kleinem Werbematerial auf sein Produkt aufmerksam zu machen.

Vielleicht ist Euch ja auch schon aufgefallen, dass viele Buchblogger ihre Lieblingsbücher oder diese, die sie gerade rezensiert haben, grundsätzlich immer, dem Buchthema angepasst, dekorativ in Szene setzen. Macht es ihnen nach! Erstellt die schönsten und verrücktesten Fotos mit Euren Werken. Ihr werdet sehen: Je einfallsreicher Ihr seid, desto mehr Leser, Fans, Likes und Follower werdet Ihr zum Schluss haben. Aber vorher seid kreativ.

GOLDENE REGEL 10
Blogger sind die „besten Freunde"

Die Blogger. Ja, das ist ein ganz wichtiges Thema. Wer ein Buch als Selfpublisher veröffentlichen will, der kommt an den ganzen Bloggern nicht vorbei. Ich musste das zuerst verstehen.

Es war ein langer und komplizierter Prozess für mich. Ich wusste ja nicht einmal, was Blogger überhaupt sind. Ich versuche es einmal zu erklären: Blogger betreiben Blogs die Bücher vorstellen und rezensieren, also bewerten. Bei der großen Anzahl an Büchern, die jeden Tag erscheinen, ist genau DAS der beste und einzige Weg um seine Werke gut vertreiben zu können. Ihr benötigt gute Bewertungen, Empfehlungen und ganz viele Sterne. Nur so werden Eure Bücher durch das Web getragen und finden immer mehr Leser.

Aber seid Euch stets im Klaren darüber, dass Ihr auch ehrliche und mitunter harte Kritik einstecken müsst. Man trifft mit seinem Werk niemals den Nerv aller Leser. Das ist unmöglich. Aber: die Kritik von einem guten Blogger solltet Ihr immer ernst nehmen. Allerdings solltet Ihr Euch vorab erkundigen, welcher Blogger seine Arbeit gut macht und Euer Genre bedient. Freundet Euch mit ihnen über die sozialen Netzwerke an, tauscht Euch aus und bittet darum, dass sie Euer Buch lesen und vielleicht sogar rezensieren. Nur wer gute Bewertungen hat, der rutscht automatisch weiter nach vorn und wird irgendwann auch gefunden, und besser noch: gelesen.

So manche Blogger sind auch verdammt gute Lektoren (Tipp!).

Für mich war das alles Neuland und sehr schwer. In den letzten Jahren, als ich meine gesamten Bücher schrieb, zog ich mich mehr oder weniger zurück, mied die Öffentlichkeit und ließ mich eigentlich nirgendwo mehr sehen. Dann, nachdem ich meinen ersten Roman endlich in den Händen hielt, begann die Zeit der Promo. Ich dachte mir, wenn ich meinen „Freunden" aus der weiten Pressewelt eine Pressemitteilung schicke, dann würde das schon ausreichen. Tja, Pustekuchen. Es reichte überhaupt nicht aus. Im Gegenteil, ich musste schmerzlich feststellen, dass niemand auf mein Buch gewartet hat und dass der Weg zum Bucherfolg nur über die Blogger führt. Also stürzte ich mich in die „Bloggerfluten". Ich durchsuchte zahlreiche Buchblogs und Facebook Seiten und wurde von Buchwerbung regelrecht erschlagen.

Doch genau das muss so sein.

Eine neue Art der Promotion ist nun mal eine ausgefeilte, seinen eigenen Möglichkeiten entsprechende, Social-Media-Werbekampagne. Doch davor zählt: Blogger sind die besten Freunde.

GOLDENE REGEL 11
Ihr benötigt eine gute
Social-Media-Werbekampagne

Hier liegt nach meinem Erachten der größte Stolperstein für Selfpublisher. Ich versuche einmal anhand meiner (mehr oder weniger) jahrelangen Medienerfahrung, zu erklären, was wichtig ist, was die größten Fehler sind, und wie die Branche eigentlich tickt.

Obwohl letzteres schwer zu erklären ist, da sie sich täglich aufgrund von persönlichen Launen oder politischen Ereignissen ändern kann. Ich kann davon ein Liedchen singen. Als im Jahr 2001 meine erste Single als Sänger erscheinen sollte, gab es diese furchtbaren Terroranschläge in New York.

Mein Song hieß „Cest la vie". Die Radiostationen entschieden, aufgrund der politischen Situation auf der Welt, dass mein Lied vom Thema nicht passen würde. Ich könnte nicht „So ist das Leben" singen, wenn gerade so viele unschuldige Menschen gestorben sind. Das hatte ich selbstverständlich verstanden und akzeptiert, aber dadurch erschien der Song erst 2002.

Ich musste ein ganzes Jahr überbrücken, immer Gefahr laufend, dass mein Song dann schon veraltet ist. Das ist dann höhere Gewalt.

Ähnlich ist das bei Büchern auch, nur das wir Selfpublisher dadurch auch unser Projekt verlieren können, da wir schon für die Veröffentlichung und die dazugehörige Promo vorfinanziert haben.

Achtet also auch ein wenig auf die Geschehnisse, die in der Welt so passieren.

Wir müssen eines ganz klar verstehen: Wir Selfpublisher haben einen Stempel auf der Stirn. Für viele Großverlage, Buchhändler, Journalisten und auch für andere Autoren sind Selfpublisher nichts weiter als Möchtegernschriftsteller. Für alle ist eines sofort gewiss: uns hat man wahrscheinlich bei den großen Verlagen abgelehnt.

Für diese „Experten" hatte das wohl auch einen guten Grund. Immerhin sitzen dort ja Menschen, die sich damit auskennen, oder?

Schlucken wir alle weiteren Gedanken. Wir wissen: sie haben alle sowas von Unrecht.

Leider haben Bücher bei Großverlagen einen entscheidenden Vorteil: Sie stehen in jedem Buchladen. Was unweigerlich heißt, dass wir alle früher oder später, über das eine oder andere Cover stolpern, welche somit im Gedächtnis bleiben. Ist dies ein Grund dafür, dass sie besser verkauft werden? Ich sage nein, nicht unbedingt.

Die großen Verlage haben ihre Autoren. Deren Bücher verkaufen sich immer. Aber es gibt eben auch Autoren und Schriftsteller, die bei großen Verlagen unter Vertrag sind, die nichts beziehungsweise wenig verkaufen und vor sich hindümpeln.

Sie verkaufen mitunter weniger als wir. Aus diesem Grund ist eine „Social Media Werbekampagne" für Euer Buch verdammt wichtig. Ihr alle kennt bestimmt folgende Situation: Ihr sitzt vor Eurem Fernseher und schaut euch eine beliebige Sendung an, meinetwegen die von Markus Lanz. Neben zahlreichen bekannten oder unbekannten TV– Dauergesichtern sitzt diese eine selbsternannte

Z– Promi-Komiker-Gestalt und berichtet plötzlich über ein Thema, welches für uns alle eigentlich völlig uninteressant klingt.

Ein Buch wird vorgestellt.

Thema? Scheissegal, es ist ein Promi. Einige tausend Einheiten verkaufen sich schon alleine nur deswegen. Völlig wumpe, ob das Thema sinnlos, der Schreibstil unterirdisch oder die Person eigentlich total volksbekloppt ist. Der Bekanntheitsgrad verhilft zum Erfolg. Das ist das Entscheidende.

Obwohl das Buch selbst, wahrscheinlich eher zur erfolgreichen Magenentleerung führt. Diese beiden Dinge, ein Z- Promi und der dazugehörige Stuhl bei Herrn Lanz, stehen allein schon für einen Erfolg, den wir Selfpublisher ohne diese beiden Faktoren niemals erreichen können.

Gäbe es diese beiden Vorteile nicht, dann hätte wohl auch niemand diese Bücher geschrieben.

Dieser Stuhl ist das Entscheidende. Wir werden dort nicht so schnell sitzen. Und das, obwohl wir wahrscheinlich tausendmal bessere Themen haben oder hunderttausendmal besser schreiben können.

Ja Ihr Lieben, es ist nicht fair, aber Willkommen in unserer Welt. Ihr seht, unsere Mittel sind mehr als begrenzt. Eine große Werbekampagne kostet Geld, muss von Profis geplant und exakt getimed werden. Sie wird zielgerichtet auf das Lesepublikum zugeschnitten.

Diese Möglichkeiten haben wir zum großen Teil nicht. Wir können aber versuchen, dieselben Wege zu gehen. Als erstes müsst Ihr den Markt abchecken.

Schaut Euch um, ob es ähnliche Bücher schon gibt. Wer ist Euer Zielpublikum? Wer soll Eure Werke lesen? Wie sehen die anderen Cover aus?

Was unterscheidet Euer Buch von den anderen und macht es besser? Ist Euer Thema überhaupt interessant genug? Was wollt Ihr den Lesern mit Eurem Buch sagen, welche Botschaft wollt Ihr übermitteln? An dieser Marktanalyse kommt Ihr nicht vorbei, aber das stöbern auf Blogs und bei anderen Autoren kann entscheidend dazu beitragen, dass es Euch etwas einfacher gelingt. Wenn Euer Buch revolutioniert und sich vom Rest der Bücherwelt absetzt, dann legt los.

Eröffnet eine Autorenseite bei allen gängigen sozialen Medien, die Ihr kennt. Auf diesen Seiten stellt Ihr Euch und Eure Werke vor und bewerbt sie. Verwendet dafür Fotos, die überall gleich präsentiert werden. Der Wiedererkennungswert ist wichtig. Dafür müsst Ihr nicht unbedingt zu einem teuren Profifotografen gehen.

Versucht stets freundlich auszusehen und macht nicht denselben Fehler wie ich. Ich sehe auf meinen Fotos immer aus, als stürze gerade die Welt über mir ein. Mein Lächeln ist prinzipiell aus irgendeinem Grund eingefroren und erinnert mich im Nachhinein immer an etwas ganz Gruseliges, naja, egal.

Immer lächeln und winken, Freunde. Stellt den Termin Eurer Veröffentlichung auf Eure Seiten und dann postet was das Zeug hält. Dieser Punkt ist für mich der nervenaufreibendste. Es macht mir schlichtweg keinen Spaß. Ich mag es nicht.

Doch es gehört dazu. Als ich zu Beginn bemerkte, dass mein Plan, die Leser über Zeitungen, Radio und Fernsehen zu erreichen, nicht aufging, musste ich mich mit Facebook und Co. auseinandersetzen, ob ich es gut fand oder nicht. Einige Journalisten hielten Versprechen nicht ein und ließen mich mehr oder weniger hängen. Sie merken sofort ob ein großer Verlag dahinter steht.

Facebook und Co. Ein Thema für sich. Ahnung davon hatte ich nicht wirklich. Das bedeutete erst einmal lesen, lesen und nochmals lesen. Es dauerte eine kleine Weile bis ich erkannte, dass sich viele Autoren und Blogger in themenbezogenen Foren gegenseitig helfen.

Das finde ich toll. Man erweitert dadurch nicht nur seinen eigenen, geistigen Horizont, sondern kann auch in der Fantasie vieler, lieber Kollegen graben, was wiederum die eigene Fantasie anregt. Ihr wisst sicher, was ich meine. Überlegt Euch bevor Ihr beginnt ganz genau, was Ihr vorhabt, schreibt es Euch auf und arbeitet Eure eigene Social Werbekampagne aus, die Ihr dann Schritt für Schritt abarbeitet.

Also: Ihr benötigt eine gute Social Media Werbekampagne!

GOLDENE REGEL 12
Posten, posten und nochmals posten

Heutzutage gibt es ja fast alles im Internet. Doch einen offiziellen Wettstreit im „Posten" gibt es meines Erachtens nach noch nicht.

Aber es wird Zeit. Manche müssen doch echt einen „Postfinger" haben, an dem kiloweise die Hornhaut runterhängt. Ich selbst könnte mich wahrscheinlich für diesen Wettkampf noch nicht qualifizieren, denn ich bin mitunter extrem „postefaul", aber es gibt Tage, da sitze ich stundenlang vor meinem Handy nur um zu posten.

Leute, ich weiß nicht wie es Euch geht, aber mir geht das dermaßen auf den Schweller. Ich glaube, es wird Zeit, sich etwas Neues einfallen zu lassen. Als meine erste Promo Aktion für meinen Roman „Nila" startete, postete ich nur alle paar Tage jeweils einen Flyer meines Buches auf meiner Facebook Seite und dann war es das auch schon. Ich dachte, das wird schon ausreichend sein.

Nö, war es definitiv nicht. Es war eigentlich gar nichts, im Vergleich zu dem was möglich ist. Naja, ich hatte von alledem überhaupt nicht den blassesten Schimmer oder besser gesagt diese „Posts" waren ein absoluter Horror für mich, aber durch die

Bekanntschaft mehrerer Autoren und den netten
Austausch mit ihnen, wurde ich mit erhobenen
Finger aufgeklärt. Irgendwann schrieben mir dann
sogar schon meine eigenen Freunde ironischer
Weise fast täglich den Satz:
»Sie müssen posten, Herr Krüger!«
Einmal ermahnte mich eine ältere „Erotikroman-
Autorin" in meinem übervollen Facebook Messen-
ger. Auch sie sprach das Wort „posten" mit un-
glaublich intensiver Betonung aus. Herr Gott, wo-
rauf man alles achten muss.
»Posten? Was soll ich denn bitte den ganzen Tag
posten?«, polterte ich zurück, fest in der Annahme,
meine drei Statusaktualisierungen pro Woche
würden völlig ausreichen.
»Herr Krüger, Sie schaffen mich.
Sie müssen posten!«
Ich blickte überhaupt nicht durch was die nette
Kollegin von mir wollte.
»Haben Sie getrunken, meine Liebe? Was meinen
Sie mit posten, posten, posten?«
»Herr Krüger, Sie müssen auf sämtlichen Buch-
plattformen auf ihr Buch aufmerksam machen! Da-
von gibt es zahlreiche. Auf wie vielen Seiten sind
Sie denn angemeldet?«
»Äh, öhm…hm… na auf gar keiner.«

»Na dann, hopp hopp, anmelden und posten! Spammen Sie die Seiten mit ihrem Roman voll, Herr Krüger!«

Sie kam mir vor wie meine Grundschullehrerin. Streng und diszipliniert. Die gute Frau hieß Berta Gurke. Ohne Mist. Also die Grundschullehrerin.

Ich kann mich gut erinnern, dass die gemeinen Streiche damals schon vorprogrammiert waren, sobald wir ihren Klassenraum betraten. An einem Tag versteckte ich mich unter meiner Schulbank und biss während des Unterrichts in eine Tomate. Als sie mich entdeckte, sprang sie vom Stuhl auf, stellte sich in die Mitte des Raumes, ihre kurz geschorenen Militärlocken bewegten sich leicht zum Schwung ihrer männlichen Gestalt, hob ihr spitzes Kinn, breitete die Arme aus und sprach in einem sehr monotonen Duktus:

»Mark Krüger! Warum frisst du in meinem Unterricht Tomate? Du bist wohl nicht gescheit? Untersteh dich!«

Dann kam der Moment, worauf meine Schulkameraden warteten.

Wie würde der kleine Mark Krüger wohl antworten? Jeder war mal dran. An diesem Tag war ich es. Frau Gurke wiederholte ihre Frage:

»Mark Krüger, warum frisst du in meinem Unterricht Tomate?«

»Na eigentlich wollte ich eine Gurke essen.«

Meine Schulkameraden brüllten vor Lachen.

Frau Gurkes Gesicht nahm in diesem Moment die Farbe der Frucht in meiner Hand an. Ihre „Löckchen" stellten sich plötzlich auf, wie der Kamm eines Hundes kurz vorm Angriff. Die Klasse verstummte sofort.

»Ich packe dann die Tomate lieber wieder ein, Frau Gurke.«, rutschte es mir noch heraus und ich konnte im Augenwinkel leicht erkennen, dass mein Sitznachbar einen inneren Kampf mit sich ausfocht, um nicht in schallendes Gelächter auszubrechen.

Von diesem Tage an, „durfte" ich zweimal pro Woche zusätzlich im Hauswirtschaftsunterricht Gurken und Tomaten sezieren.

Ich aß nie wieder in ihrer Stunde.

Ich muss hinzufügen, dass ich ab diesem Zeitpunkt immer besser bei ihr lernte und sie mir half, die Weichen zu meinem späteren Traumberuf zu stellen: dem Autor und Schriftsteller. Ich weinte als Frau Gurke uns als Lehrerin verließ. Worauf ich hinaus will: Ich stehe auch heute noch stramm, sobald ich eine solch autoritäre Stimme höre. Als meine Kollegin nun auch so mit mir sprach, ergab ich mich und bemühte mich, das mit dem Posten zu verstehen.

»Na dann werde ich wohl mal loslegen.«
Voller Tatendrang meldete ich mich bei zahlreichen, geschlossenen Buchseiten an und stellte
dann meinen Roman vor.
Auf jeder Seite. Alle drei Tage mit einem anderen
Text. Woche für Woche. Ich gebe zu, zu Beginn
hatte ich noch kein richtiges Gefühl dafür, aber mit
der Zeit weiß man, wann man was zu posten hat.
Natürlich dürft Ihr Eure Kollegen und die gesamten Buchfreunde nicht mit Material erschlagen.
Das wäre dann kontraproduktiv.
Leider geschieht das immer öfter, denn kaum jemand macht sich wirklich die Mühe, immer und
immer und immer dieselben Posts auf verschiede-
nen Seiten zu lesen. Viele gucken zum größten Teil
drüber weg und sperren Euch irgendwann als
Konsequenz. Ein gutes Mittelmaß ist wohl das
Beste. Ihr müsst Euch genau darüber informieren,
auf welchen Seiten Euer Buch für Interesse sorgen
könnte und dann könnt Ihr eine nette Diskussion
beginnen. Aber ohne diese Art von Werbung für
Euer Buch, steht Ihr irgendwann allein da. Daraus
folgt: posten, posten und nochmals posten (im an-
gemessenen Rahmen)!

GOLDENE REGEL 13
Organisiert Euch eine Blog Tour

»Was ist denn bitte eine Blog Tour?«,
wollte ich von einer Bloggerin wissen, die mir auch hin und wieder ein paar Tipps gab.
»Sie wissen nicht was eine BLOGTOUR ist, Herr Krüger?«
»Nein, sonst würde ich ja nicht fragen.«
»Belesen Sie sich! Dann helfe ich Ihnen.«
Was sollte ich denn noch alles lesen?
Ich wollte doch bloß ein Buch veröffentlichen.
Ihr seht, jeder Tag als Selfpublisher ist, wie ein längst vergessener Schultag. Man lernt ständig neue Dinge.
Zurück zur Blog Tour. Nein, meine Freunde, man muss nicht in einen Schreibwarenladen laufen und sich mit einem Vorrat Schreibblöcken eindecken, so wie ich es anfangs dachte, und nein, Ihr fahrt nicht durch die Republik und besucht die Inhaber diverser Buchblogs (so werden diese nämlich geschrieben: B-L-O-G), um Interviews zu führen, sondern Ihr müsst, wie bereits zuvor erwähnt, die Blogger für Euch und Euer Buch begeistern. Eine Blog Tour ist nichts anderes, als eine Präsentation

Eures Werkes durch verschiedene Blogger auf deren Blogs (hoffentlich erkläre ich das einigermaßen verständlich). Meistens findet eine solche Tour über einen Zeitraum von einer Woche statt. Jeden Tag stellt ein Blogger ein ganz bestimmtes Thema Eures Buches vor und lädt die Follower und Buchbegeisterten zur Diskussionsrunde ein. Diese Themen können Eure Protagonisten selbst sein, das Thema des Buches, die Botschaft dahinter oder ein abschließendes Interview mit dem Autor. Euer Buch wird also von den Bloggern in alle Einzelteile zerlegt.

Zum Schluss erhaltet Ihr eine abschließende Rezension, also eine Bewertung, der einzelnen Blogger und dann müsst Ihr hoffen, dass diese gut ausfällt, denn zum großen Teil werden genau diese Rezensionen dann auf den verschiedensten Plattformen wie Amazon, Weltbild oder Lovelybooks veröffentlicht.

Diese Rezensionen sind für Euer Überleben als Autor und Schriftsteller oder eben Selfpublisher lebensnotwendig. Wenn sie gut ausfallen, dann habt Ihr bei Eurem Buch alles richtiggemacht, vorerst. Wenn sie negativer ausfallen, dann seid nicht zu sehr enttäuscht und nehmt die Kritik an. Jede Kritik macht Euch beim nächsten Buch immer ein Stück besser. Aus diesem Grund empfehle ich wirklich jedem Autor eine E-Mail-Adresse im Impressum ihrer Bücher zu hinterlassen. So gebt Ihr den Lesern die Möglichkeit Euch persönlich zu schreiben und Ihr baut damit einen direkten Kontakt zu Euren Lesern auf.

Begleitet Eure Blog Tour am besten auch auf Euren eigenen Blogs und postet Meinungen von Lesern und die Themen der Blogger immer regelmäßig in Euren Netzwerken. Bietet zum Ende Eurer Tour den Lesern und Teilnehmern ein kleines Gewinnspiel an und verschickt als Preise einige Merchandising Produkte, sowie als Hauptpreis ein signiertes Exemplar Eures Buches.

Bei mir dauerte das ewig, eh ich begriffen habe, wie so etwas abläuft. Ich scheute mich auch ein wenig davor, den persönlichen Kontakt zu den Lesern aufzubauen, aber mit der Zeit fand ich dann meinen Rhythmus und es begann mir Spaß zu machen. Mein Alltag wurde vom „posten" beherrscht und ich wurde ein „Poster" (find ich irgendwie witzig). Der morgendliche Kaffee wurde sogar an manchen Tagen vergessen. Ich setzte mich am letzten Tag meiner Blog Tour an meinen Frühstückstisch, den Schlüpfer und die frischen Socken noch nicht herausgesucht, die Augen noch halb zu, biss gefühlte hundert Mal in meine Frühstücksbanane und rührte mit einer Gabel den Frühstückskaffee kalt.

Mein Blick war auf meinem Handy eingefroren und mein Zeigefinger hämmerte wie von selbst meinen „Guten-Morgen-Post" und »Heute endet meine Blog Tour, ihr Lieben!« auf gefühlte dreihundert Buchseiten auf Facebook, bis ich erschrocken auf die Uhr sah und feststellte, dass es Zeit für das Mittagessen war. Willkommen im Alltag eines Selfpublishers. So ist das aber nun mal.

GOLDENE REGEL 14
Gebt Lesungen und beschäftigt die Presse

Es steckt viel Arbeit dahinter, das ist klar, aber Ihr baut Euch einen immer größeren Kreis an Leser und Fans auf. Was haltet Ihr von Lesungen? Machen sie noch Sinn oder sind sie zu teuer in der Organisation? Was bleibt am Ende übrig? Kommen genug Gäste oder bleibt Ihr womöglich sogar auf den Kosten sitzen?

Ich bin der Meinung, dass sollte jeder für sich selbst entscheiden. Ich habe mich für meinen ersten Roman gegen Lesungen entschieden.

Das hatte aber in erster Linie lediglich mit dem Thema meines Buches zu tun und diente nur zu meiner Sicherheit.

Wann immer Ihr die Möglichkeit habt, einige Zeilen Eurer Bücher öffentlich vorzutragen, dann nutzt diese Gelegenheit. Sprecht Euch mit dem Veranstalter ab und geht jeden Punkt gemeinsam durch.

Bei einer Lesung ist es nicht von größter Wichtigkeit viele Bücher zu verkaufen, sondern den Zuhörer mit dem Inhalt Eures Werkes spannend und gewitzt zu unterhalten. Ihr müsst einen bleibenden

Eindruck hinterlassen und ein Gesamtpaket präsentieren. Sucht Euch genau die Städte aus, in denen Ihr lest.

Hat der Ort einen regionalen Bezug zum Buch? Wenn ja, dann ladet die lokale Presse ein.

Eurer Name muss im Gedächtnis bleiben.

Man muss Euch mit Euren Büchern verbinden und als Autor und Schriftsteller wahrnehmen. Dann kommen beim nächsten Mal vielleicht schon mehr Interessierte.

Tja, die liebe Presse.

Fakt ist eins: die Presse sucht nach außergewöhnlichen Geschichten. Geschichten die zuvor am besten noch niemand erzählt hat.

Genau das richtige für Eure Fantasie. Ihr müsst euch nämlich einen guten Pressetext überlegen, den jeder Redakteur einfach lesen muss.

Das ist aber gar nicht so einfach.

Verschickt Euren Pressetext in E-Mails an sämtliche Medien, die Euch in den Sinn kommen und beachtet dabei die „Betreff Zeile".

Diese Zeile entscheidet darüber, ob ein Redakteur einer Zeitung oder ein anderer Journalist die

Mail überhaupt liest. Hängt einen Flyer an das Ende der Nachricht und beginnt zu hoffen. Seid

aber nicht zu sehr enttäuscht, wenn niemand ant-
wortet. Bleibt dennoch hartnäckig und stets
freundlich. Ihr bekommt Eure Chance.

GOLDENE REGEL 15
Investiert ein wenig Geld

Ganz ohne finanzielle Investition geht es leider nicht. Aber das Budget bestimmt allein Ihr. Gemäß Eurem finanziellen Rahmen habt Ihr viele verschiedene Möglichkeiten.

Es ist nichts Verwerfliches daran, bei Facebook eine Werbe Annonce zu schalten, um mehr Likes auf Eure Seiten zu verbuchen.

Je mehr Likes Ihr habt, desto interessanter seid Ihr für andere User. Aber seid Euch stets bewusst, dass diese „Gefällt mir"- Angaben nicht mit Käufen gleichzusetzen sind. Jemand der Eure Autorenseite geliked hat, der hat nicht unbedingt Euer Buch auch gekauft.

Darum geht es aber im Endeffekt. Ihr wollt Eure Bücher verkaufen. Setzt das Budget also sparsam bei solchen Annoncen ein, denn ein Like bei Facebook kostet ungefähr einen Euro.

Flyer und Plakate habe ich ja bereits schon erwähnt. Verteilt sie an regionale Buchläden und fragt bei dieser Gelegenheit gleich einmal nach, ob sie Eure Bücher auch verkaufen würden. Letzteres wäre dann kostenlos, wenn Ihr die Läden von eurem Buch überzeugt.

Einige Wochen krempelte ich die Innenseiten meiner Jeans nach außen, weil ich mehr investiert hatte, als ich es eigentlich wollte und somit wieder einmal dem Klischee „Künstler sind notorisch pleite" zu zweihundert Prozent entsprochen hatte (siehe: Salatproblem.). Jedoch kommt man an diversen Investitionen leider nicht vorbei.

GOLDENE REGEL 16
Werdet ein „You Tuber"

Ich gebe zu, dass ist nicht jedermanns Sache.
Aber hilfreich ist es allemal. Wenn Ihr es Euch zutraut, vor der Kamera zu reden, dann nichts wie ran! Eröffnet Euren eigenen You Tube- Kanal! Setzt ihn in ein schickes Design und wenn Ihr eh schon ein Typ Mensch seid, der andere gern besoffen quatscht, so wie ich, dann legt los!
Erzählt etwas über Euch, stellt mit Witz und Charme andere Autoren und ihre Bücher vor und lasst Euch immer ein lustiges Thema oder ein entsprechendes Highlight einfallen.
Allerdings gibt es auch einige Kleinigkeiten zu beachten. Ihr müsst Euch sicher fühlen und eine gewisse Telegenität besitzen. Wenn Ihr Euch selbst unsicher und wie ein kompletter Vollpfosten fühlt, dann transportiert Ihr das auch in Eure Präsentation. Ich hatte schon zu Beginn meines Buchprojektes die Idee mich auch auf You Tube zu präsentieren, aber ich verwarf diesen Gedanken wieder ganz schnell.
Ich fühlte mich „körperlich nicht in der Lage", mich den harten Kritiken so mancher User zu stellen. Ich bin Künstler und sensibel.

Kurz gesagt: ich fand mich zu dieser Zeit einfach zu fett. Vielleicht ist genau dieser Punkt aber auch der „Schlüssel zum Erfolg". Natürlichkeit.
Also bleibt natürlich und setzt Euch nur vor die Kamera, wenn Ihr Euch wohlfühlt. Probiert es aus. Werdet ein „You Tuber"!

GOLDENE REGEL 17
Nehmt Baldrian, bevor Ihr Euch die erste Abrechnung anseht

Es dauert etwas länger, bis Eurer Verlag Euch die erste Abrechnung und somit Euren ersten Verdienst präsentiert.

Der Puls erhöht sich, ein inneres Unwohlsein, im positiven Sinne, macht sich breit und ein Dauergrinsen ist an diesem Tag Euer ständiger Begleiter.

Jawohl, die erste Abrechnung.

Was habe ich also verkauft?

Bin ich jetzt Millionär? Juhu!

Dass Gefühl einer Vollbremsung mit Eurem Auto bei hoher Geschwindigkeit an einer roten Ampel kennt Ihr bestimmt alle, oder? Dieses Gefühl, ungefähr hundert Mal stärker, holt Euch innerhalb weniger Sekunden wieder zurück in die Realität. Ach, was wären wir Autoren ohne unsere Träume?

Kurz vor der Ohnmacht und der scheinbar einsetzenden, schleichenden Lähmung, solltet Ihr schnell ein Glas stilles Wasser trinken und Baldrian einwerfen. Nein, Ihr habt Euch nicht verguckt, dort steht keine Tausend als Zahl, dort steht eine Zehn.

Eine Zehn. Zehn Bücher habt Ihr also verkauft.

Nein, Euer Verlag hat sich nicht verschrieben.
Bei dieser Anzahl an verkauften Büchern und der
damit verbundenen geringen Marge habt Ihr dann
genau sechs Euro verdient, es sei denn es handelt
sich um E-Books.
Ihr werdet nicht Millionär. Schlagt Euch das aus
dem Kopf, erstmal (Ihr könnt Eure Bitte ja einem
von Euch präferierten allmächtigen Wesen vortra-
gen, vielleicht hilft's.).

GOLDENE REGEL 18
Geduld heißt das Zauberwort

Ihr fragt Euch bei diesem „mäßigen" Erfolg sicherlich was Ihr falsch gemacht habt?

Nichts. Oder stimmt es, was Euch von den Großverlagen prophezeit wurde?

Entspannt Euch, der Buchmarkt ist einfach nur extrem groß. Nicht aufgeben, denn Eurer Werk ist etwas Einzigartiges und hebt sich von der Masse ab. Wie weit, das könnt Ihr selbst beeinflussen. Seid nicht traurig darüber, wenn Ihr erst wenig Bücher verkauft habt oder nur wenige Menschen Eure Beiträge gesehen haben. Alles benötigt Zeit. Mitunter dauert es ewig, bevor man einmal eine Rezension bei Amazon lesen kann.

Ihr zweifelt. Liest niemand eure Bücher?

Doch. Aber Bücher werden nicht immer sofort gelesen. Wenn man sich eine CD kauft, dann hört man sie unmittelbar danach und dann hat man sein Urteil schnell gefällt. Bei Büchern ist das oft ganz anders, denn viele kaufen sich Bücher, die dann erst einmal für Monate im Bücherregal verschwinden. Andere verschenken sie erst Wochen nach dem Kauf. Es ist ein langer, steiniger Weg, bei dem Ihr vor Allem eins benötigt: Geduld!

GOLDENE REGEL 19
Vernachlässigt Eure Partner nicht

Ihr solltet immer eine gute Ausrede parat haben, wenn Ihr abends im Bett immer noch Fragen im Messenger beantwortet, Texte postet, Bücher liked oder Euch auf anderen Buchseiten herumtreibt.
Der „Chef" hat Euch immer im Blick.
Und das kann zu sehr tiefen und langen Gesprächen führen.
Wenn ihr es geschafft habt Euer Werk so zu platzieren, dass Eure kleine Leserschaft und
Fan-Base stetig wächst, dann wächst bei der einen oder anderen besseren Hälfte von Euch vielleicht auch etwas. Ganz unbemerkt. Schleichend. Spät erkennbar: die Eifersucht.
Okay, es ist nicht bei jedem so, manche Partner interessiert das nicht, andere wiederum sind, was das betrifft, absolute Schnarchnasen. Es gibt aber sicherlich ein paar von Euch, die einen kleinen, süßen Hausdrachen an ihrer Seite haben, der sich bei der kleinsten Entgleisung Eurerseits, wie ein Wellensittich aufplustert, Feuer speit und dann später zeternd durch das Haus läuft als würde sein Allerwertester in Flammen stehen.
Nicht? Bei mir ist das in etwa so.

Vielleicht nicht unbedingt „Drache", aber sie ist schon der „Hauspräsident", der „Chef", „Die Perle meines Universums, meine „Göttin"
(das musste ich jetzt so schreiben, sie stand hinter mir). Sie meint es ja nur gut. Was immer total interessant ist, sind die hoch intellektuellen Gespräche, welche wir führen, wenn es ihr dann irgendwann mal zu bunt wird und es reicht. Vorsichtig fragt sie nach, doch ihr Ton und die hochgezogene Augenbraue lassen in etwa erahnen, was mich danach zu erwarten hat:
»Was machst du jetzt noch? Es ist 23 Uhr.«
»Na, ich arbeite.«
»23 Uhr? Arbeiten?«
»Ja.«
»Aha.«
Sie verdreht dann meistens ihre Augen und beißt sich auf die Unterlippe.
»Aber irgendwann ist doch mal gut, oder?«
»Klar.«
Das ist dann immer der Moment, in dem sie „unauffällig" und unruhig auf dem Bett hin und her rutscht und plötzlich ihre Sitzposition so verändert, dass sie ihr Blickfeld auf mein Handy oder Tablet verlagern kann.
Mit messerscharfem Blick durchbohrt sie das Display meines Smartphones.

Ich kann sie nicht sehen, aber ihr etwas schwererer Atem lässt das bedrohlich nahende Unwetter erahnen.

»Was klar? Hörst du jetzt mal langsam auf mit deiner Posterei?«

Diesen Satz kann ich dann nicht mehr ignorieren. Der Ton und die Lautstärke sind klare Signale. In diesem Moment reagiere ich dann das erste Mal etwas genauer.

»Ich habe doch gesagt, ich arbeite.«

»Ja, ja, dass sagtest du bereits. Wer ist das?«

»Wer?«

»Tu doch nicht so! Ich meine die, mit der du die ganze Zeit schreibst.«

»Spinnst du jetzt?«

»Wer ist das?«

»Das ist eine Bloggerin, die mir ein paar Tipps gibt. Viel älter als ich, Schatz!«

Das ist dann eigentlich der Augenblick, indem ich das Smartphone oder Tablet weglegen sollte. Ich verpasse diesen Zeitpunkt leider immer.

»Eine Bloggerin. Älter. Tipps. Um 23 Uhr. Denkst du ich bin doof?«

»Wie meinst du das?«

Im selben Moment geht die vierte Nachricht innerhalb der letzten Sekunden ein. Sie kamen selbstverständlich nicht von der netten Bloggerin.

»Und das waren jetzt sicherlich auch lauter, nette „ältere“ Bloggerinnen, die dir ebenfalls Tipps geben, oder wie?«

»Nein, das sind Leser.«

»Leserinnen?«

»Ja, neunzig Prozent meiner Leser sind Frauen.«

»Aha. Bestimmt sind, dass alles hübsche Frauen, die dir den ganzen Tag Komplimente machen. Typisch Männer, ihr fallt auf die billigste Masche rein!«

Es ist immer äußerst amüsant festzustellen, wie schnell das „Kernthema“ einer solchen Diskussion erreicht ist.

»Es geht hier aber um keine Masche, mein Täubchen. Sie reden nur über mein Buch, Schatz.«

»Ach ihr seid so unsensibel.«

»Wer?«

»Na ihr Männer. Furchtbar!«

»Was genau habe ich denn jetzt falsch gemacht?«

»Lass mich in Ruhe! Du liebst mich nicht mehr! Du liebst nur noch dein Smartphone! Und diese Schlampen!«

Bevor es ausartet und ich sie davon abhalten muss mit dem Baseballschläger quer durch die Republik zu rennen, ziehe ich die Reißleine und lande gemeinsam mit ihr sanft auf dem Boden der Realität und gehe offline.

Natürlich erregt man mehr Aufmerksamkeit. Das merkt man ziemlich schnell. Man bekommt zig Nachrichten und versucht auf alle und jeden einzugehen. Solange es sich im Rahmen hält, sollte man seine sozialen Kontakte immer pflegen. Aber Eure Lieblinge zu Hause benötigen die intensivste Pflege, denn Ihr seid viel zu oft geistig und körperlich abwesend. Gönnt Euch Pausen und vergesst beim Posten Eure Partner nicht!

GOLDENE REGEL 20
Kostet nicht von verbotenen Früchten

Ja, ein Mann zu sein ist so verdammt schwer.

Oha, ein Raunen geht durch die Menge.

Vereinzelt kann ich mir die eingeschlafenen Gesichter von den netten Damen, die das hier gerade lesen regelrecht vorstellen. Ja, es ist so. Wir Männer haben es nicht leicht! Basta!

Im Laufe der Evolution wurden uns der Jagdtrieb und eine mit ihm verbundene einzigartige Gabe mitgegeben. Den Jagdtrieb kann man zügeln, solange man zu Hause jagt.

Doch diese einzigartige Gabe, dieses gewisse Talent welches eigentlich kein Mann benötigt, wurde scheinbar bis heute noch nicht richtig erforscht. Bei einem bestimmten Thema verlagert sich nämlich der Verstand eines Mannes in tiefer gelegene Regionen des Körpers, beziehungsweise, auf einen Muskel im Lendenbereich, welcher das Denken dem Gehirn abnimmt.

Das kann nicht jede Spezies von sich behaupten. Ich schon, denn ich bin einer von ihnen.

Nun gut. Als Künstler bin ich seit ungefähr 20 Jahren unterwegs. Ich weiß von daher, wie viele meiner Art genauso ticken. Man bekommt ein Gefühl für Menschen, ohne sie zu kennen.
Nur nutzt einem das nichts, wenn man sich nicht an gewisse Regeln hält.
Urplötzlich, wenn das eigene Buch für Interesse sorgt, wird auch der Autor (die Autorin) interessant. Viele Komplimente und Lobeshymnen werden ausgetauscht, manchmal sogar mit Worten die man selbst selten verwendet. Danach schaut man sich Profile genauer an. Ja, Euer zweites Gehirn beginnt sich zu melden. Man(n) sollte sich zügeln und seine „gierige Fleischeslust" im Zaum halten. Nicht jedes Kompliment oder eine positive Rezension ist gleich ein Heiratsantrag.
Letzteres dann, wenn die Rezension positiv ausfällt, wohl eher für das Buch selbst.
Betrachtet mit Abstand die Resonanz Eurer Werke und bewahrt Euch immer Eurer Rolle als Autor. Wenn Ihr dann einmal auf einer Veranstaltung auf Eure Leser trefft die Euch anhimmeln, dann himmelt zurück, aber denkt an das Nudelholz Eurer Partner. Die eitern schwer wieder raus.
Weicht aber intensiven Blicken aus, die können mitunter sehr hypnotisierend wirken:
»Sind Sie Herr Krüger?«

»Ja, das bin ich.«

»Oh, ich wollte Ihnen unbedingt danke sagen.«

»Danke? Wofür denn?«

»Sie haben mir die Augen geöffnet.«

Das ist der Zeitpunkt, an dem man dann spätestens wegucken sollte, denn Augen können beißen.

»Ahm, die Augen geöffnet, wieso?«

»Ich weiß heute, was Liebe ist.«

Oha, wenn dieser Satz kommt, dann lauft.

Lauft ganz schnell.

»Das freut mich sehr, ich muss dann auch mal wieder...«

»Bitte geben Sie mir noch ein Autogramm!«

»Aber gern doch, wohin wollen Sie es denn haben?«

Blöde Frage.

Ins Buch natürlich.

Das nennt man Widmung du Knallflöte.

»Wohin Sie wollen, Herr Krüger.

Wohin Sie wollen.«

»Gut, dann würde ich vorschlagen: ins Buch.«

Puh, nochmal die Kurve gekriegt.

Ja, natürlich ins Buch.

Was ich eigentlich damit sagen will: auch, wenn es Früchte gibt, die so köstlich und wunderschön aussehen, dass Ihr am liebsten mit vollem Genuss reinbeißen wollt, dann haltet kurz inne und vergesst nicht, dieselben Früchte habt Ihr auch zu Hause. Die schmecken aber viel besser.

Bewahrt den Respekt und Abstand zu Euren Lesern, Bloggern und Kollegen und vergesst nie, dass sie es sind, die Euch zum Erfolg tragen.

Finger weg von verbotenen Früchten!

GOLDENE REGEL 21
Die Masse macht's, der Preis auch

Genauso ist es. Ich wollte es anfangs nicht wahrhaben, aber es stimmt. Verabschiedet Euch hin und wieder mal von Euren „Schätzen". Egal in welchem Genre ihr Euch zu Hause fühlt, aber solltet Ihr starke Konkurrenz haben, dann wechselt ab und zu mal den Platz. Schaut Euch in Kategorien um, in denen es weniger Bücher gibt oder schreibt zum Beispiel einen kurzen Ratgeber (so wie ich) und zeigt eine andere Seite von Euch. Erzählt aus einer lustigen Zeit in Eurem Leben und gebt mehr oder weniger wertvolle Tipps. Diese Bücher müssen gar nicht viele Seiten haben, höchstens hundert, wenn überhaupt. Viele von Euch schlagen vielleicht jetzt die Hände über dem Kopf zusammen, weil das Genre wechselt, aber ich sehe das anders. Wer mit seinen Büchern erfolgreich sein möchte, der sollte auf die Masse zurückgreifen, es funktioniert. Kleinvieh macht eben wahrhaftig auch Mist. Diese Bücher solltet Ihr sehr erschwinglich gestalten oder hin und wieder Eure anderen Bücher zu einem günstigeren Preis anbieten. Da beißt die Maus keinen Faden ab.

Zum Schluss noch hinten dran...

So, dass soll es erst einmal gewesen sein. Versucht es, probiert es aus. Eine Garantie für den Erfolg gibt es leider nicht. Es kann auch sein, dass meine Tipps bei dem einen oder anderen nicht funktionieren, wie gesagt: die Bücherwelt ist eine eigene. Eine schöne. Taucht in sie ein und findet den optimalen Weg. Mich könnt Ihr jederzeit auf meinen sozialen Seiten fragen, denn ich bin immer bereit, weiter aus meinem durchgeknallten „Selfpublisher- Alltag" zu berichten. Seid nicht zu streng zu Euch selbst und holt Euch Unterstützung bei anderen Autoren. Jeder einzelne ist ein Unikat, ein Erlebnis. Denn jeder von ihnen hat uns Geschichten zu erzählen, die gelesen werden wollen. Ihr allein entscheidet ob sie es wert sind. Schaut doch mal bei folgenden Bloggern vorbei:

„Reading is like taking a journey", „Sannes Bookcatalogue", „Wurm-sucht-Buch", „Bitys-Bücherwelt", „Magie-aus-der-Feder" und ganz, ganz besonders bei „Arya (Anna) Green Vermont". Diese Blogs und ihre Blogger kann ich Euch nur wärmstens empfehlen. Sie stehen Euch mit Rat und Tat beiseite, sind in ihren Rezensionen gnadenlos ehrlich und haben immer ein offenes Ohr für Euch. Ich bin froh darüber, mit allen zusammen zu arbeiten und freue mich riesig auf weitere Projekte. Ein besonderes Dankeschön gilt meiner Lektorin Kristin: Es war sehr lustig und super spontan, ich danke Dir! In diesem Sinne: Ich bedanke mich von Herzen bei allen Beteiligten und natürlich auch bei meiner Family. Omis, Opis, Daddy Andreas und Dieterchen. Katja, wie immer geniale Fotos!

Basti, dank Dir blieb der Titel so! Schatzi, sorry, Du musstest herhalten. Ich liebe Dich! Berndi, wie immer herrlich lustig! Ich liebe Euch. Matze, Ricky, dass Hörbuch zu „Nila" wird der Kracher! Das wird jetzt hier keine ewige Dankesrede, aber Ihr seid eben alle kleine Helden.

Und jetzt schreibt alle drauf los, wir brauchen Eure Geschichten! Bleibt Euch treu, lächelt hin und wieder auch über Euch selbst und nehmt das Buch nicht all zu ernst. Nur Eure Ideen schreiben den Erfolg. Ich sage Tschüss und freue mich auf meinen nächsten Kurztrip in ein anderes Genre. Mal sehen was mir noch so alles einfällt. Dieser kleine Ratgeber ist der erste Teil aus der Reihe „Herr Krüger" und ich bin jetzt schon gespannt, was Ihr zum nächsten Streich sagen werdet. In diesem Sinne, vergesst den Rock 'n Roll des Lebens nicht. Jeder tanzt ihn anders. In diesem Buch wurden Personen

und Ereignisse etwas verändert um die Persön-
lichkeitsrechte der Beteiligten zu wahren. Orte
wurden ebenfalls verändert, Namen nicht genannt.
Ich möchte mit diesem Buch niemanden verletzen,
im Gegenteil, ich appelliere an Euren Humor.

Herzlichst Euer

Ich danke meiner Familie und
meinen Freunden für ihre bedingungslose Liebe und
Unterstützung!